ANTOLOGÍA POETICA

II

Norma Estela Ferreyra

La vida...

¡Qué maravilla sin razón!

¡Cuánta agonía!

¿Para qué?

Si es un instante apenas,

que se va.

Brutal complicación

que se nos da,

por casualidad.

Caprichosa coincidencia

del deseo o del amor.

¡Qué se yo!

Cementerio de dudas

sin repuestas.

Montañas de respuestas

para una duda.

¡Y cuánta confusión

para una sola mente!

¿Adónde van los cuerpos

que gimen y palpitan?

¿Qué es lo que queda de las cosas,

que tanto deseamos

poseer, acaparar,

como si fueran importantes?

¿Con quién se van?

¿Por qué?

¿Acaso puedes responder

animal con razón?

"Ser pensante"

como dicen los que saben.

¡Y cómo saben los hombres!

¿Verdad?

¡Y cuánto piensan!

Mentira…

Sólo nos gusta definir,

encasillar,

colocar cada cosa

en su lugar

con su nombre o su título.

Rotulemos entonces,

es más cómodo.

Simplifiquemos,

es más fácil.

Conjuguemos en plural

y nos evitaremos ser uno,

en medio de tanta gente

que no nos deja un lugar

para el asombro.

Aceptemos

las pautas como están,

para no quedar

afuera de la especie.

¡No hay nada en qué pensar!

Ya todo está organizado.

Esto está bien,

esto está mal,

esto es normal,

nos dirán los demás.

Y sólo transitar

nos está permitido.

No hay nada que cambiar,

ya todo está planificado.

¡Loco! Te gritarán

si te sales del sitio

adonde están

los que se quedan,

confundiéndose,

los unos con los otros.

¡Qué porquería

que es ser uno mismo!

¿Verdad?

Pero no nos desanimemos,

porque al final,

nadie es lo que cree,

ni siquiera lo que es.

Somos partes, apenas,

de un todo que es total.

Simples conjunciones

de llanto o alegría.

Vértices convergentes

del placer o del dolor.

¡Qué se yo!

Si todo está afuera

y adentro de uno mismo.

Y quizás, nada esté,

en realidad, en ningún sitio,

ni haya un principio

ni un final,

como creemos.

¡Qué se yo!

Si todo sigue y todo se va,

a pesar de nosotros.

Pero en fin,

Usemos nuestra mente

y midamos nuestro tiempo.

Contemos, multipliquemos,

y quizás, sea mucho

el tiempo que nos queda

para seguir muriendo,

o viviendo, como quieras.

O para seguir siendo

simplemente.

Transitemos,

pasajeros sin eternidad.

El amor está ahí,

como hecho a tu medida.

Conjuguemos sentimientos:

Yo amo, tú amas, él ama,

pero…¿Amarán ellos?

¡Cuántos interrogantes

encierran las palabras!

Y qué difícil nos resulta

resolver, a veces.

¡Y cómo nos gustan

las matemáticas!

Entonces sumemos,

dividamos, multipliquemos,

saquemos diferencias.

El doctor es doctor

y no cualquiera.

Y al fin de cuentas,

tan sólo un paso hay

en la continuidad

de los opuestos.

Entre lo malo y lo bueno.

Entre la vida y la muerte.

Entre lo cuerdo, lo normal

y la locura.

Pero cuidado,

no podemos movernos

ni saltar

y volar sería siempre

un intento de suicidio.

Pero no nos desanimemos,

porque nada

ha escapado a la razón.

¡Ni siquiera Dios!

Todo está clasificado.

Existe una palabra

para cada cual.

Y frases,

que hasta parecen lógicas.

¡Y tantas definiciones archivadas en textos

y en memorias!

La inteligencia ordena

y estructura,

formula preceptos,

 leyes, reglamentos.

Y por fin,

las verdades resultan ¡Científicas!

¿Qué más quieres

hommo sapiens?

Si decir no sé,

es pecado

entre los hombres.

Y cuánto saben,

cuánto hablan

y cuánto lloran,

todavía, los hombres.

Pero no nos desanimemos,

porque el sufrimiento

se nos escapó

de las definiciones.

Y al fin somos,

el último eslabón

de todas las especies.

¡Somos únicos

en todo el universo!

Y traducido a nuestra lengua:

¡Los mejores!

Sólo nos falta un escalón

y hubiésemos sido DIOS.

¡Eso es lo queso somos!

...humildemente.

¡Cuánta ingenuidad

encierra la ignorancia!

Pero no nos desanimemos,

porque fuimos hechos

a su imagen y semejanza.

Y como Él,

podemos juzgar y condenar.

¡Nos fascina el poder!

¿Verdad?

Pues tomemos a la Justicia

en nuestras manos

y ni el mismo Dios

tendrá nada por hacer

en este mundo.

¿Pero quién es DIOS?

Nos seguimos preguntando.

¿Adónde está? ¿Existe?

Unas veces diremos que sí.

Otras que no.

Y mientras tanto,

ya lo hemos definido:

"El es como nosotros, dijimos,

pero perfecto".

¡Mentira!

Jamás podría Él

parecerse a nosotros.

Estamos indefensos.

¿No lo crees?

Y la razón

no nos alcanza

para ser superiores.

Hay seres invisibles

de tan pequeños.

Insignificantes

y sin mentalidad,

que aprendieron a mutar

para ser fuertes.

Y allí están preparados

para exterminarnos.

También hay vegetales.

¡Basura viva!

Verdes hojas sin instintos,

que no necesitan nada

 de nuestra inteligencia.

Pero no nos desanimemos,

porque dicen que el ánimo

nos hace diferentes.

¡Originales!

Y quizás valga la pena

saber lo que somos,

al fin de cuentas.

Primero razonemos,

elaboremos una hipótesis,

o mejor,

partamos de un absurdo

y supongamos,

sólo supongamos,

que somos un animal

que tiene miedo.

¡Mucho miedo!

Y como tememos a DIOS,

inventamos una palabra

que llamamos FE

y por las dudas Él exista, rezamos.

¡Cuánto rezamos!

¿Verdad?

Mentira…

Sólo pedimos,

cuando queremos

que algo nos llueva del cielo.

Pero eso sí,

a veces, prometemos

y hasta cumplimos

porque queremos

saldar las cuentas.

Pero hay excepciones

en esta regla.

Hay quienes saben

que nada saben

y lo respetan.

Pero sigamos suponiendo

y supongamos,

que el miedo

se vuelve perversión.

¡ Que es el demonio!

Y como tememos no saber,

sabemos todo.

¡Nacida está

nuestra soberbia!

Y como tememos

a lo desconocido,

nos asusta morir.

Y como tememos también

a nuestros miedos,

tenemos el coraje

de seguir viviendo.

Supongamos,

 sólo supongamos,

que el hombre

es tan sólo desconcierto,

que se siente inseguro

entre lo que ignora,

lo que teme

y lo que duda.

Y para no sufrir,

se siente casi DIOS

¡Qué atrevimiento!

Pero no nos desanimemos,

pues sólo estábamos suponiendo.

Usemos nuestra mente

y vayamos de lo abstracto

a lo concreto.

¡Esa es la misión del intelecto!

Clasifiquemos:

Lo rojo con lo rojo,

lo negro con lo negro.

Hay niños y no niños.

Hay buenos y no tanto.

Hay pobres y otra clase.

Hay blancos y otras razas

Hay seres y otra cosa.

¡Qué se yo!

Hay verdades auténticas.

¡No tanto!

No todo es tan verdadero

ni tan falso.

Y el azul es azul,

según los ojos.

Pero sigamos suponiendo.

Un sabio es el que sabe,

decimos.

¿Qué cosa?

¡Qué se yo!

¿El que más ha leído?

¡No creo!

¿El que más ha escuchado?

¡Quién sabe!

¿Quien habla sabe más?

No tanto.

Dejemos las cosas

como están,

inútil es pensarlo todo nuevamente.

Volvamos al absurdo

y supongamos,

que el miedo

acecha al hombre

y su impotencia,

lo conduce a la soberbia

y viceversa.

Se enferma de codicia,

de celos y de guerras,

se encandila de triunfos,

se deprime en la espera,

su ansiedad corroe al cuerpo

¡Y es cadáver que sueña!

Vendaval de pasiones, desencuentros,

Soledad que acapara sentimientos.

Se inflama de deseos

y quiere que lo quieran

y atesora a su igual

como a una cosa.

Afectos.

Ternuras apilables.

Variedad de emociones compartidas.

Sensación

de plenitud insatisfecha.

Caudal de posesiones

que no pueden detenerse.

Y cuando el miedo es total,

la libertad

se siente acorralada

y el ser estalla de amor,

de odio y desenfreno,

se rebasan

los límites impuestos

y la obstinación,

se vuelve ¡Locura!

El silencio

se torna falsedad,

reverencias, hipocresías.

La mirada se vuelca

   hacia uno mismo,

el ego fabrica un pedestal.

El alma se llena de burbujas

que estallan por el aire.

¡La contaminación es total!

¡El bronce se hace altar!

El acero, cañones, bayonetas.

Aparecen motivos como sean.

Y declarada está la guerra

hacia adentro y afuera.

Es que la vida,

es temor y coraje

al mismo tiempo.

Dominio a cualquier precio.

Y la muerte

es alivio cuando llega.

Y el polvo vuelve al cosmos.

¡Se hace eterno!

¡Aleluya, humanos, aleluya!

Nos parecemos a Dios,

al fin de cuentas.

¿De qué nos sirve entonces,

el dinero o el cerebro?

Humillante final

el que tenemos.,

Convertidos en partículas

del tiempo,

 estafado ha quedado

el pensamiento.

Dolor, soledad,

conciencia de no ser,

es el destino

 de tanta inteligencia.

Transitemos

pasajeros sin eternidad,

en un vagón de sueños

encantados,

hasta que la gracia

 deje de pertenecernos.

Y mientras tanto,

imaginemos ser dioses

imperfectos.

Certifiquemos la cultura,

 con diplomas

y creamos que eso

es sabiduría.

Pero no nos confundamos.

Separemos,

Hay ricos y otra cosa,

Hay cultos y otra cosa,

Hay buenos y otra cosa,

Y llegaremos a la cima

adonde se unen

todas las soledades

ya sin miedos.

Pues la vida se termina

 en igualdades.

Y tal vez, la perfección

no tenga mente.

¡Qué se yo!

Si a veces,

 la verdad es mentira

y viceversa.

Transitemos peregrinos,

dejémonos llevar

por sentimientos.

Amar, odiar, sufrir.

¡Mejor soñemos!

¿Qué sería de los hombres

si no sueñan?

Pero el hombre que sueña

corre el riesgo,

de ser llamado loco,

por decreto.

LA CREACIÓN

Estoy en el infinito,

retrocediendo

hasta el principio.

Puedo ver la oscuridad,

escuchar el silencio

y sentir, el vacío material,

la ausencia de las cosas,

de la formas, del color.

Nulo es mi peso. ¡Liviandad!

No siento frío ni calor ¡Neutralidad!

No tengo cuerpo pero estoy

en esa fuerza imperceptible

que llamamos NADA.

Anticipo del cuerpo

y la materia.

Ser primogénito del SER

¡La NADA es Dios!

Es el TODO potencial.

Energía que fluye

y se dispersa,

se acumula y estalla

en infinitos soles,

inmensos o pequeños,

invisibles, infinitos.

Masas encendidas

que se esparcen

por doquier,

que van perdiendo fuego

hasta apagar.

Transformación constante

de estrellas en planetas,

mixtura implacable

de átomos, moléculas.

Energía que puede

transformarse y trasformar.

Arde la tierra.

Y cuando el fuego cesa,

las lluvias se eternizan.

Los seres toman forma

de a poquito,

en la diversidad

del clima y el espacio.

¡Soplan los vientos!

Las nubes llevan el agua

a cualquier parte.

Las sustancias

se agrupan como quieren.

¡Libertad! ¡Vida!

Seres que se mueven,

crecen, se dividen.

Invaden los mares,

mientras el tiempo sigue,

horas, años, siglos,

de causas y de efectos.

El mar ya no puede amantar

a los hijos de los hijos.

¡Nace el hambre!

Y con él las guerras infinitas.

Los vencedores

devoran a los vencidos.

Y algunos sobreviven

invadiendo a la tierra.

Aprenden a arrastrarse,

a ocultarse en las piedras.

Se caen, se levantan,

intentan algún vuelo.

Inexorablemente mueren,

se agrupan, tienen miedo.

Y con el tiempo, lloran.

Hay hombres y mujeres.

Especies diferentes.

Las plantas dan su fruto

y se llena de verde.

Hay seres que se aman,

Dialogan y se entienden.

Hay seres que se juntan,

cultivan, cazan, pescan.

Copulan. Se entretienen.

Aprenden lo difícil.

Y ahora, también, sueñan.

Y sufren, pero viven.

¡Mas tan fácilmente,

la memoria, olvida!

Se sienten dueños del aire,

del agua y de la tierra.

¡Fijan los límites!

¡Levantan su bandera!

Y pelean a muerte

por todo, en esta vida.

Aprenden a ser malos

y el más fuerte

domina a los demás.

¡Y el pecado, se hereda!

El hombre se siente

vencedor en este mundo,

avanza sobre el verde

¡Contamina!

Aniquila su espíritu

y la ciencia supera

a la razón.

Y no habrá vencedores

ni vencidos

en la última guerra.

¡Los cuerpos se harán átomos!

Y todo volverá a comenzar

desde ese punto,

que llamamos NADA.

Porque la NADA es DIOS,

es el TODO potencial,

es pura y simplemente,

ESPÍRITU.

ENERGÍA esencial

de la materia.

LA RUTINA

Levántate rutina,

Ya es hora de campanas

y despertadores,

Los ancianos

toman su pastilla

y encienden la radio.

Las chinelas apuran el paso,

el desayuno humea

en cualquier parte.

El baño se llena de toallas

y jabones mojados,

de gente que corre

a lavarse los dientes.

La ciudad está en marcha.

Otra vez, la rutina

y   pasan de largo

los colectivos

en las paradas.

Se marcan tarjetas

 en las fábricas,

o se firman planillas

 en los tribunales

y las noticias circulan

 como el mate en las casas.

¡Y comienza el trajín!

Ya se cuentan billetes

 en los Bancos

y la Bolsa

se llena de parásitos.

Los ventiladores

ahuyentan el verano

y en la plaza,

alguien lee el diario.

¡Llega la hora del estrés!

De jefes malhumorados.

De semáforos

que detienen el tránsito.

De ambulancias con sirenas.

De quirófanos ocupados.

Hay profesores cansados

y alumnos que se tiran

sobre el banco.

Es la hora del smog.

De avenidas con vapores.

Y así... llega el mediodía,

Hay ropa seca

en los tendederos.

Es la hora del cierre

en la verdulería

del mantel,

de los cubiertos,

de la casa, del regreso.

De los chicos, de la esposa,

de televisores que nadie ve,

de la música que nadie oye,

del diálogo

dejado para después.

Y la tarde llega sin ganas,

con guardias en hospitales,

y bares sin medialunas.

Es la hora de los amigos,

de los besos de enamorados,

de teléfonos ocupados,

de la salida a desgano

para ver al abogado,

de los turnos del dentista,

de la salida furtiva,

y de hombres ocupados.

Y finalmente llega,

la hora del cansancio,

de consultorios cerrados,

de quitarse los zapatos,

de minutas en la cena.

De las batas y las cremas,

del sueño, de las protestas,

del silencio que no llega.

 Y otra vez,

 la ciudad parece muerta,

 en sus nichos de cemento,

 con las puertas bien cerradas

 y cabezas en la almohada.

Sin embargo,

 es tan sólo la rutina

 la que ha muerto

¡Porque es hora de soñar!

POLITICA

Ciencia, arte o disciplina,

que entreteje

los hilos de la historia,

con el simple cautivar

de la palabra.

Plataformas de ideas

y proyectos,

formulados por sujetos

del poder,

de las pasiones

y las guerras.

La política,

es un arte original,

que pinta el verde sobre el gris

o el rosa sobre el negro

panorama de los tiempos,

con el mágico pincel

de la oratoria.

Disciplina que ordena

 a la razón

en el mismo sentido,

unificando a torpes y eruditos

en simples mayorías populares.

Plural de voluntades

 que nada determinan.

Decadencia

 del hombre individual

que se convierte en masa

por causa de la" Polis".

Degradación del ser,

convertido en cenizas

por el número.

Ahora la verdad

está en la" cantidad"

aseguran los genios

de la época.

La política es el arte

de sumar aplausos

y cerebros fusionados,

por obra de los medios

orales o escritos.

Espectadores somos

en el teatro universal

de los discursos, ceremonias

y   palabras convincentes.

La Política sólo es

sucesión infinita de Monarquías

disfrazadas de Repúblicas,

dispuestas por igual

a someter al que no tiene

y a encumbrar

a seres indolentes,

en razón de su estirpe

o su riqueza.

"Homo politicus"…

nueva especie

nacida de repente,

de la clase media,

clase dirigente,

de mediana estatura,

de mediano apellido,

que trepa a las espaldas

de los débiles,

para alcanzar la cima

a cualquier precio.

Distorsión

de aquel hombre primitivo

que amasaba su pan,

cultivaba su tierra,

y construía su albergue.

Degradación total

de aquella tribu

de valientes guerreros

que nunca se vendían

por el oro.

La razón era su Justicia.

Su producto, el jornal.

Y tal vez, por cansancio,

se afianzó sobre el suelo

y se olvidó de cazar.

Apareció la Polis

y se volvió " plural".

La palabra es ahora,

anzuelo y caña de pescar.

Y una nueva era

se comenzó a gestar.

El guerrero se volvió

objeto de su lanza.

Y los predicadores,

le señalan el camino

de la próxima batalla.

El cazador

se ha convertido en orador.

Y los fabuladores pululan

en cualquier sitio.

Los ancianos

ya no forman concejos

y   las mujeres

no tienen cabida,

en la nueva epopeya

del progreso.

El poder del dinero

se torna virulento

y el hombre se vende

por monedas.

La humanidad

se derrota a sí misma,

por obra de la astucia

y del discurso.

Pues la Política

es una ciencia singular

donde todo lo imposible

parece realizable.

Disciplina

que intenta demostrar

que la igualdad existe.

Y que la libertad,

es tan sólo el derecho

a protestar,

aún sin ser oídos.

DEMOCRACIA,

palabra idealizada

que en realidad no existe,

cuando la austeridad

es de muchos,

en favor de unos pocos.

O cuando la suma

es proporcional

a la ignorancia.

La POLITICA es un arte,

que divide al poder

para reinar,

desde abajo hacia arriba

y por el menor esfuerzo,

donde algunos se encumbran

y los demás aplauden

sin sospechar

la causa de su miseria.

Donde el pobre perece

y el rico se vuelve indiferente.

Y entre los dos,

la clase dirigente

sosegando rebeldes.

CUESTIONES SOBRE AMBOS SEXOS

Parir fue cosa muy seria

en los tiempos del brasero

y las mantas de crochet.

Pues varón tenía que ser

y ser segunda la nena.

Obsoleto machismo,

como dicen las mujeres

de mi tiempo.

Obstinación de Adanes

y manzanas.

Tabúes que perduran

por culpa, de las suegras.

Las banderas rosadas

se agitan por el aire

y las feministas

aconsejan a las niñas

arrojar al basurero

las muñecas.

Pero aún en la escuela,

hay un patio de nenas.

Son nanas perimidas,

son nanas, simplemente.

No hay patios con glicinas

ni zaguanes secretos,

en las casas de mi época.

Pero los discursos comienzan, todavía,

con" señoras y señores

o damas y caballeros".

Pero en fin,

la pelota va y viene.

Quien patea, es el nene.

Bendito eres,

entre todas la mujeres,

varón es el sol naciente

y las brujas son mujeres.

Varón Dios,

varón el diablo,

su color es el celeste.

La mujer pide silencio,

mientras el nene…duerme.

Mas los chicos van creciendo

y se invierten los papeles.

La nena se hace mujer

y el nene aún no es un hombre

aunque naciera primero.

Ella es la más ordenada

y ayuda, siempre que puede.

Él es rebelde, callado

y casi nunca interviene.

¡Pobre varón ahora tiene

dos mujeres a su lado!

La mamá "sabelotodo"

y su hermana que protesta.

Y después viene la otra,

la que busca rescatarlo

y a la larga o a la corta…

él se va domesticando.

Es cuestión de competencias,

de varones con mujeres,

de mujeres con mujeres.

Cuestión de los dinosaurios

y de fósiles resabios…

Competencias de oficina

de pantalón ajustado

de sonrisas siempre listas

y de platos preparados.

y soporta bien las cargas.

Hace callar a su madre,

pide silencio a su esposa,

quiere dormir porque es tarde.

Convivencia insoportable,

es lo que dice el varón…

convivencia inevitable

por cuestiones del amor,

pues a él siempre lo cazan,

pero con "S" nomás.

Siempre hay mujeres dispuestas,

son maternales y tiernas,

tan pacientes y amorosas

que a él le despiertan ganas

de comenzar con su hogar.

Lo reciben con un beso,

le preparan un café,

hasta que vienen los hijos

y pierden el interés.

Comienzan con los reproches

al derecho y al revés…

Si las sacas, si las dejas

que viene a comer su hermana.

Que los chicos, que la casa…

que ya no es vida, te dicen.

Si viene tarde no le habla,

se acuesta y le da la espalda

sin darle tiempo a explicar,

que se arruinó una cubierta

y la tuvo que cambiar.

¿Qué pasaría si en cambio,

en vez de la cara larga,

te recibe con un beso

y agrega unas horas extras

a tu extenuante labor?

Pero no temas muchacho

porque eso, nunca sucede

pues siempre estará cansada.

Los problemas de la casa

la tienen malhumorada.

Es por eso que el domingo,

a él le parece eterno,

si no busca algún amigo

para salir a pescar

o para hacer un deporte,

que le dejen practicar.

MI ALMOHADA

Siempre me acaricia
me mira sin ojos
me habla sin voz.
Sabe que me quiebro
mientras espero que el sol
encienda al mundo.
Pasa sus dedos por mi cara
me acurruca suavemente
con la ternura callada
tratando de calmar
 mis insomnios persistentes
Todas las noches
me devuelve el perfume
que él se llevó consigo.
Me cuenta cosas al oído
y hasta me miente
para que pueda dormir.

MIS POEMAS

Deja que griten,
que rían o lloren
mis poemas.
Que arrojen
sus ropas por el aire
y su vergüenza aflore.
Que su piel tiemble
de miedo o de frío.
A quién le importa...
Si su cuerpo es de papel
y su alma es la mía.
Deja que vuelen
que se enamoren de la luna
que pongan su espalda
sobre la arena
en una playa desierta
o llena de cangrejos,
me da igual.

No importa lo que lleven

en su equipaje

si son metáforas o rimas

si se cuentan sus sílabas o no

si usan simbolismos

líricos o diabólicos.

No importa …

porque finalmente

lo arrojaré al mar.

Pues si ellos son míos,

serán un sentimiento

en libertad.

ME FALTAS

Aquí estoy
frente al teclado negro
llenos de letras,
flechas, enter
y todo esto que
se incorporó a mi vida
como el peine o los zapatos.
Tengo a mi lado un mate
que siempre se enfría
porque me distraigo.
Me faltaría volver a fumar
y tendría el pasaporte listo
para irme al infierno.
¿Sabes por qué?
Porque me falta tu risa
para sentirme yo
con todas mis luces
y mis ganas de volar

Me falta tu mirada.

Mi cama se ríe de mí.

Sabe que vivo de sueños

y que me miento

cuando hago versos.

A veces… me haces falta.

Ella lo sabe y se aprovecha.

La noche se hace larga

cuando pienso

que son tibios tus brazos

como aquella tarde

cuando la vida

nos empapó de latidos

que hoy andan por ahí

mordiéndome la boca.

SALVAREMOS LA TIERRA

A veces, nos damos cuenta
de la brevedad de nuestro tiempo.
Y al mundo nos aferramos
con uñas y dientes
porque tememos
a lo desconocido.
No nos bastan las teorías
humanas ni divinas…
necesitamos certezas,
sobre más allá.
Nos asusta la nada
el vacío, el silencio
la oscuridad y el olvido.
Es decir…la muerte.
Y la razón no nos alcanza
para entender lo efímero.
Creamos paraísos

adonde no vamos a llegar,

infiernos que no existen

y queremos encarnarnos

hasta en un microbio

para continuar viviendo.

Pero no hay nada que temer

la vida es siempre vida,

la muerte no sucederá

como imaginamos...

Decepciónate

no somos los más inteligentes

ni los más sentimentales

Somos indolentes, indiferentes

y la guerra es nuestra principal adicción.

Pero tranquilízate.

la vida que encarnemos

será mejor que la nuestra.

Y finalmente...

salvaremos, a la tierra

de nosotros.

SOBREVIVIENDO

Estoy tratando de sobrevivir
en un mundo apocalíptico,
monetizado, convulsionado.
A veces me pregunto
si a los seres que yo engendré
les puse también alma
y les inculqué valores.
Estoy tratando de sobrevivir
entre enajenados,
deshumanizados,
y robotizados.
No sé si podré,
o pereceré en el intento.
Quisiera construir algunas almas
para regalarlas a quien le falte.
Hacer de un muerto que camina
un ser vivo que sueñe.
Pero siempre termino herida

de algún modo.

Por eso, escribo.

Mis versos nunca me lastiman.

DÉJAME SER

Quiero que me arranques
estos días de hastío.
Azúlame las noches negras
 sin estrellas.
Ven, cierra la puerta,
 pero antes,
tráeme la tibieza del viento.
Cúrame con tu risa.
Arrebátame la cordura.
Acurrúcame,
escúrrete en mi noche
respírame, núblame los ojos,
Azucárame la piel
 bébeme de un sorbo.
y déjame ser, contigo.

COMO EL VIENTO

Arráncame de ti.

Quita tus raíces de mi alma

o amanece conmigo.

Revíveme, sacúdeme.

acaríciame,

entíbiame las manos

empápame la piel

con tu lluvia de besos.

O vete,

vístete de olvido… y huye.

Pellízcame, antes de partir

para que al abrir mis ojos

no te reconozca

y pueda volar libre

como el viento.

PARIR EL CIELO

Justo en la línea
entre el mar y el cielo
hay un parto de luna
cada noche
para ponerle un halo
de amor
a la nostalgia.
Es cuando la luz
se apaga de repente
y se encienden los ojos
para mirar la vida.
O cuando tropezamos
con nosotros mismos
y fingimos dormir
para no vernos.
Descubrir que somos
nada más que lo que hicimos

y que sólo anhelamos

ese beso que no alcanzó

a llegar a nuestros labios.

Que nos queremos poco

y que perdimos mucho

en el intento

de querer ser luna

sin tener un horizonte

donde parir el cielo.

DE TUS OJOS

Voy a tientas y a locas

por caminos sinuosos

y desiertos.

Como una hoja

que se lleva el viento

por la inmensidad

de este mundo

que dicen que es el mío.

Donde las soledades

pasan de largo

mirando sin mirar,

las voces no dicen

lo que quiero oír,

y los pasos no llegan

a ninguna parte.

Tengo miedo,

quiero que alguien me abrace

me acurruque en su pecho.

Necesito una mirada
que venga de tus ojos.

UNA PIEL QUE NO ES LA MÍA

Mi sombra no hace sombra si no vienes

a buscar en mis árboles los frutos

que brotan de mis manos, de mis ojos,

de esa canción que nace en mi garganta.

Sé que no moriré en tus brazos,

porque en ellos renazco nuevamente

y mis pájaros echan a volar su suerte,

por las calles que nacen en tus labios.

La luna se desnuda a la intemperie,

las voces interiores brotan del silencio

y van gritando tu nombre por la calle

donde transita el insomnio

 entre los versos.

Se descalzan mis pasos y te buscan

por aquellos lugares

donde no te encuentro

y regreso cual lluvia hecha llovizna

habitando una piel que no es la mía.

FLORES EN LA PIEL

Llegaste de a poquito

con pasos cautelosos

con sonrisas apenas esbozadas.

Entraste de a ratos a mi tiempo

llenando el espacio que era nuestro.

Estuviste a la par

y en el momento indicado…

 me miraste,

a la hora precisa…

 ni antes ni después.

Escuché tus latidos y los míos.

Nuestros teléfonos se cruzaron

al igual que nuestros ojos.

Y quise decir que sí,

antes de que me invitaras

Así comienzan siempre

las historias de a dos.

Y desde ese instante,

me siento abrazada

en la calidez de tu alma.

Y hasta me brotan flores

 en la piel.

DÉJAME SOÑAR CON ÉL

Cuando te despiertes

yo ya me habré ido

sin besos, sin llanto,

sin miedos.

Nada me llevo

ni tus ternuras

ni los encantos

que veo en ti.

En todo caso

me llevaré mis sueños

a otra parte.

Yo no sé amar

a alguien sin ternura

por eso la invento

y hasta puedo verla

en tus ojos…en tu voz.

Amo a ese hombre.

Déjame soñar con él.